Übersetzer: Marina Kaiser
Buchgestaltung: Andro Bottros

ST SHENOUDA PRESS
8419 Putty Rd,
Putty, NSW , 2330
Sydney, Australia

www.stshenoudapress.com

ISBN: 978-0-6451394-1-9

Annasimone war ein Kind des Königs von Konstantinopel. Ihre Mutter verstarb als sie noch klein war, weshalb ich vom König gebeten wurde, auf sie aufzupassen. Als Priester war es meine Pflicht ihr zu zeigen, wie man ein Leben führt, das Gott gefällt, wie es auch in der Bibel steht. Ich habe ihr oft Geschichten von heiligen Mönchen und Nonnen vorgelesen, die weit weg von anderen Menschen gelebt haben, sogenannte Einsiedler. Ich erklärte, dass diese Leute so lebten, weil sie Gott sehr lieben. Sie bewunderte diese Geschichten sehr, besonders wie wenig sie gegessen haben und wie viel

Zeit sie im Gebet und stillem Nachdenken verbracht haben.

Sie liebte es sich meine Bücher auszuleihen und die Geschichten der Heiligen immer und immer wieder zu lesen. Tag und Nacht habe ich sie in einer ruhigen Ecke des Schlosses beim Lesen beobachtet. Schnell war klar, dass sie ihre Zeit lieber mit Gott verbracht hat, als mit festlichen Zeremonien der königlichen Familie. Ich habe auch gemerkt, dass sie bei großen Festmahlen nichts von dem Essen gegessen hat. Obwohl das Essen von den besten Köchen des Landes zubereitet wurde, hat sie nicht einen einzigen Bissen genommen.

Eines Nachts, als ich den Gang entlanglief, höre ich ein Weinen. Ich hörte genauer hin und bemerkte, dass es von Annasimones Zimmer kam. Besorgt darüber, dass ihr etwas zugestoßen sei, schielte ich durch das Schlüsselloch. Sie war tatsächlich am Schluchzen. Ihre Augen und Arme waren zum Himmel gestreckt

Ich stand eine Weile da und hörte zu. Sie fing an zu beten: „Mein Gott, nur du kennst die Geheimnisse meines Herzens. Ich brauche deine Hilfe, um deinen Willen zu erfüllen. Ich habe alle Bücher über die heiligen Einsiedler gelesen, unter der Anleitung

meines kirchlichen Vaters, dem Priester. Wenn es dein Wille ist, so will ich wo anders hingehen und ein Lieben als deine Dienerin leben."

Als ich das hörte, machte ich mir große Sorgen aber war gleichzeitig überglücklich. Ich hatte Angst vor der Reaktion ihres Vaters, wenn er herausfinden sollte, dass Annasimone den Palast verlassen möchte. Andererseits dankte ich Gott für ihren religiösen Eifer und ihr Verlagen für Gott zu leben, obwohl sie so jung war. Aber wann würde sie uns verlassen?

Gerade als ich dabei war zu gehen, schockierte sie mich mit dem was sie als nächstes tat. Ich schaute ihr weiter durch das Schlüsselloch zu. Zu meiner Überraschung zog sie eine große Tasche, voll von Essen, unter ihrem Bett hervor und begann das Essen in kleinere Tüten zu packen.

Das erklärte Alles! Ich wusste, dass da etwas hinter ihrer neusten Entscheidung, dass sie trockenes Brot und salzigen Käse gegessen hat, steckte. Ich verstand, dass anstatt, dass sie selbst etwas zum Essen hat, sammelte sie lieber das Essen vom Palast und gab es den Armen kostenlos. Sie tat all das im Geheimen, damit niemand ihre guten Taten

sehen und sie loben könnte. Sie erinnerte mich an die Lehre des Herrn in Matthäus 6,I „Hütet euch, eure Gerechtigkeit vor den Menschen zur Schau zu stellen; sonst habt ihr keinen Lohn von eurem Vater im Himmel zu erwarten."

Dann hörte ich sie beten: „Liebster Himmlischer Vater, ich sehne mich danach meinen Brüdern und Schwestern zu dienen, die es nicht so gut haben wie ich. Diese Menschen haben weder Essen noch Unterschlupf. Bitte kümmere dich um sie, Herr. Ich will ihnen mein Essen geben. Was mich angeht, alles was ich will, ist mit und für dich zu leben. Amen."

Viele Jahre vergingen und der König starb und hinterließ Annasimone als Thronfolge. Am Morgen, an dem sie zur Königin gekrönt werden sollte, saß ich mit ihr im Palast. „Ich werde nie die wertvollen Lektionen vergessen, die du mir mein ganzes Leben lang beigebracht hast, Vater.", begann sie zu erzählen.

„Bitte erzähle mir weiter über diesen Heiligen, den du erwähnt hast…"

Bevor sie weiterreden konnte, wurden ihre Worte unterbrochen und der Heerführer verlangte nach ihr. Beim Betreten des Hofes befand sich eine enorm große Menschenmenge, die sich aus allen Richtungen versammelt hatten.

7

Der Patriarch, Bischöfe und Priester waren auch anwesend. Plötzlich kehrte Ruhe ein…
Der Kommandant brachte Annasimone raus auf den Balkon, mit Ausblick auf den Hof.

„Ich kröne dich nun, Königin Annasimone, Herrscherin von Konstantinopel. Lang lebe
die Königin!", rief der Kommandant. Ein kleiner Junge in der Nähe konnte nicht anders
und schrie „Sie gab mir Essen, als ich nichts zum Essen hatte." Dann rief eine andere
junge Mutter, „Ja, sie ist diejenige, die mir Milch und eine warme Decke für mein
Neugeborenes geschickt hatte!" Die Menschen fingen sofort an zu singen und jubeln,
anlässlich der neuen Königin.

„Lang lebe die Königin!" rief die Menge immer wieder. Die Menschen freuten sich. „Gesegnet ist der, der kommt im Namen des Herrn! Wie gesegnet wir sind eine Königin zu haben, die den Herrn lieb und uns wiederrum sehr liebt."

Im ganzen Königreich herrschte Frieden und Glück. Sie befreite die Gefangenen aus den Gefängnissen und gab den Obdachlosen ein zu Hause. Ich hörte oft, wie sie Boten schickte, die Geld und Habseligkeiten an die Klöster, die Witwen, die Waisenkinder und alle Armen im Königreich verteilen sollten. Und sie betete dabei die ganze Zeit.

Allerdings konnte ich in Königin Annasimones Gesicht sehen, dass die Ehrung, die sie erhielt, nicht das war, was sie wirklich wollte. Es war klar, dass sie immer noch darüber nachdachte ihr ganzes Leben Gott zu widmen.

Sie hatte alles, was sich ein Mensch wünschen konnte: Reichtum, Berühmtheit und Macht, aber all diese Dinge haben sie nicht zufrieden gestellt. Einer ihrer Lieblingsverse, als sie noch klein war, besagte: „Was nützt es einem Menschen, wenn er die ganze Welt gewinnt, dabei aber sein Leben einbüßt?" (Markus 8,36)

Es gab einen Abend, den ich nie vergessen werde. Ich war gerade dabei einige Kerzen im Schloss anzuzünden, als ich an Königin Annasimones Zimmer vorbeikam und hörte, wie sie mit sich selbst sprach:

„Verstehst du denn nicht, dass der Herr Jesus Christus dir viel Segen und viele Geschenke gegeben hat? Du hast dein Leben hier genug ausgefüllt. Wenn du das Himmelreich erreichen möchtest, dann ist es jetzt an der Zeit. Erinnere dich an die Schrift. Wer nicht sein eigenes Kreuz trägt…"

Ich sprach die Worte mit: „Wer nicht sein eigenes Kreuz trägt und mir folgt, ist meiner nicht würdig." Dann wurde mir klar, was sie tun wollte. Sie nahm ihre Krone ab und verbeugte sich im Gebet. „Ich verlasse dieses Königreich wegen meiner Liebe für den Herrn Jesus Christus.", fügte sie hinzu.

Sie zog die Kleidung von einer Dienerin an und bedeckte ihren Kopf. Ich sah auch, wie sie ihre Bibel und ihr Lieblingsbuch über die Einsiedler mitnahm. Schnell versteckte ich mich in einer dunklen Ecke, als sie aus dem Palast lief.

Ich schlich nach draußen und kniete mich im Schatten der Bäume nieder. Mit erhobenen Händen dankte sie Gott und betete: „Führe mich Herr nach deinem Willen." Ein letztes Mal schaute sie auf das Schloss und bat Gott auf ihr Königreich aufzupassen. Dann machte sie das Kreuzzeichen und zog in die Wildnis.

Ich machte mir große Sorgen um sie. Sie war auf dem Weg in die Wildnis in der Nacht! Wie würde sie sich selbst beschützen und sich warmhalten? Sicher würden ihre Füße von den harten Wegen in der Wildnis bluten, sie war doch barfuß. Aber war ich nicht

der Priester, der ihr beigebracht hat, dass der Herr immer seine Kinder beschützt? Sicherlich würde Gott sie nicht verlassen. Er hat die Macht bitteres Gras so süß wie Honig zu machen, damit sie essen kann. Er hat die Macht ihr zu helfen süße Datteln auf Palmen zu finden. Er hat die Macht wilde Bestien zu zähmen, sodass sie ihre Freunde werden würden.

Ich weinte, weil ich sie wahrscheinlich nie wiedersehen würde. Mein Trost war es jedoch, dass sie auf dem Weg zum Himmelreich war

Es dauerte mehrere Jahre bis ich hörte, dass sie von einem Torwärter von einem weit entfernten Kloster gefunden wurde. Ich war überglücklich über diese Neuigkeit. Als die Nonnen ihr näher kamen, tat sie so, als ob sie verrückt wäre. Sie tat dies, um bescheiden zu bleiben und damit niemand herausfinden könnte, dass sie in Wahrheit die Königin war.

Weil die Nonnen nicht wussten wer sie war und nichts mit ihr anfangen konnten, gaben sie ihr alle möglichen schwierigen Aufgaben, wie die Badezimmer sauberzumachen oder den Boden zu schrubben. Sie tat dies allerdings mit viel Begeisterung. Die Nonnen

machten sich Sorgen um sie, weil sie immer auf dem Boden schlafen wollte und nur sehr wenig aß.

Das war das letzte, was ich von Annasimone hörte bis ich einen Mönch besuchte. Vater Daniel von Skete kam eines Tages zu meiner Kirche. Er sprach von einem sehr geistlichen Mädchen, das er gesehen hatte. Ich wusste, dass das Annasimone sein musste.

Er sagte zu mir, dass der Herr Jesus Christus mit ihm über sie gesprochen hatte und ihre Geistlichkeit gelobt hatte.

„Annasimone ist eine große Heilige!" sagte der Herr zu Vater Daniel von Skete. „Sie hat ihr Königreich verlassen und erniedrigt sich selbst als eine Verrückte in einem Kloster. Gehe und besuche sie dort."

Der Mönch Vater Daniel begann sofort seine Reise zum Kloster. Er wollte den Segen von Annasimone erhalten, wie der Herr es ihm aufgetragen hatte. Aber die Nonnen rannten schnell zu ihm und schrien: „Vater, halte dich fern von ihr. Sie ist verrückt!"

Er antwortete: „Nein, sie ist nicht verrückt! Ich sehe eine Krone über ihrem Kopf

leuchten und ein himmlisches Gewand auf ihrem Körper. Öffnet eure Augen. Könnt ihr es nicht sehen? Sie ist die große Königin Annasimone. Es gibt niemanden, der so rein ist, wie sie."

Als sie das hörten, fingen die Nonnen an zu weinen, warfen sich Annasimone zu Füßen und bettelten: „Vergib uns! Bitte vergib uns!" Sie entschuldigten sich bis tief in die Nacht. Weil nun ihre Identität bekannt geworden war und sie dadurch Ehrung erhielt, versuchte sie von diesem Ort zu fliehen. Da sie nur Ehrung vom Herrn haben wollte, verließ sie das Kloster vor dem Sonnenaufgang am nächsten Morgen.

Während ich dem Mönch Vater Daniel zuhörte, wie er erzählte, was noch mit der ehemaligen Königin geschehen sei, sagte ein anderer Priester, namens Vater Johannes: „Ich erzähle dir, was ich alles über Annasimone weiß."

Es war ein Tag bevor Vater Johannes starb. „Mir wurde gesagt, dass ich nur an diesem Tag erzählen kann, was ich gesehen habe." Sagte Vater Johannes.

Vater Johannes sei früh morgens in der Kirche gewesen, um die Liturgie vorzubereiten. Plötzlich erschien im Altarraum ein Einsiedler, ohne durch die Kirche gelaufen zu sein.

Vater Johannes war sehr erschrocken. Der Einsiedler fragte ihn daraufhin nach etwas Wein und Mehl, damit er das Heilige Brot für den Gottesdienst am Gründonnerstag vorbereiten kann. Dieses Fest sollte mit 400 anderen Einsiedlern gefeiert werden. Vater Johannes war sehr neugierig zu wissen, wo dieser unbekannte Gottesdienst stattfinden sollte.

Anschließend flehte er ihn an hin mitzunehmen. Der Einsiedler antwortete: „Warte ab, deine Zeit wird noch kommen. Sei genau nächstes Jahr hier zur selben Zeit am selben Ort. Dann werde ich zu dir kommen."

Im darauffolgenden Jahr, als Vater Johannes sehnsüchtig und nervös auf den Einsiedler wartete, tauchte dieser plötzlich wieder im Altarraum auf. Er fragte: „Würdest du gerne die anderen Einsiedler sehen?" Vater Johannes antwortete blitzartig: „Ich würde mich riesig freuen! Aber bevor wir gehen Vater, wenn ich fragen darf, wer sind denn diese Einsiedler?"

„Mein Sohn, die Einsiedler sind diejenigen, die weit weg und isoliert von allen Menschen leben, damit sie allein mit Gott leben können. Sie verlassen ihre Familien und Freunde und leben in einer Höhle in der Wildnis, damit sie all ihre Zeit mit Jesus Christus verbringen

können. Sie leben sowohl in der Kälte als auch in der Hitze, ohne jegliche Essensvorräte. Sie verlassen sich komplett auf Gott, dass er ihnen zu essen gibt und für sie sorgt. Diese Menschen leben wie Engel auf der Erde. Komm, lass sie uns treffen."

Er sagte ihm, er solle sein Gewand gut festhalten und das Kreuzzeichen machen. Schlagartig ertönten Geräusche gewaltiger Winde und starken Wellen, welche Vater Johannes sehr beängstigten. Als sie dann jedoch ankamen, sagte Vater Johannes, dass er eine Schönheit sah, wie er sie noch nie zuvor gesehen hatte.

Vater Johannes sah sich um und befand sich in einer Kirche, die er nie zuvor gesehen hatte. Während er mit all den anderen Einsiedlern betete, fühlte er sich, als wäre er im Himmel.

Nachdem sie den heiligen Gottesdienst und die Kommunion feierten, drehte er sich zu einem der Einsiedlerväter und fragte, während er nach hinten zeigte: „Vater, wer ist diese selige alte Dame, die dort hinten steht?" DIe Frau wurde von zwei anderen gehalten.

Er blickte zu ihm und antwortete: „Bruder, das ist die Heilige Annasimone, die ehemalige

Königin. Sie verließ jedoch den königlichen Palast, um nach dem Herrn zu suchen. Sie ist die geistliche Wächterin von uns 400." Der Einsiedler erzählte Vater Johannes alles über ihr gesegnetes Leben.

Ich war dem Herrn so dankbar, dass er mir Vater Daniel und Vater Johannes schickte, damit sie mir alles über die ehemalige Königin und große Heilige Annasimone erzählen konnten. Sie liebte es die Geschichten der Heiligen mit mir zu lesen als sie jünger war und jetzt ist sie selbst eine Heilige geworden!

DAS ENDE

www.ingramcontent.com/pod-product-compliance
Lightning Source LLC
LaVergne TN
LVHW072051080426
835510LV00028B/3437

9 780645 139419